필사, 어른이 되는 시간

필사, 어른이 되는 시간

초판 1쇄 발행 2025년 7월 1일
초판 7쇄 발행 2026년 2월 25일

지은이 | 나태주
펴낸이 | 金滇珉
펴낸곳 | 북로그컴퍼니
책임편집 | 김나정
디자인 | 김승은
주소 | 서울시 영등포구 영등포로 150, 생각공장 당산 B동 506호
전화 | 02-738-0214
팩스 | 02-738-1030
등록 | 제2010-000174호

ISBN 979-11-6803-123-4 03810

Copyright ⓒ 나태주, 2025

· 잘못된 책은 구입하신 곳에서 바꿔드립니다.
· 이 책은 북로그컴퍼니가 저작권자와의 계약에 따라 발행한 책입니다. 저작권법에 의해 보호받는 저작물이므로, 출판사와 저자의 허락 없이는 어떠한 형태로도 이 책의 내용을 이용할 수 없습니다.

소란한 세상에서 평온함을 찾는 가장 고귀한 방법

필사, 어른이 되는 시간

나태주

북로그컴퍼니

너 잘 살기 바래

너처럼

너를 닮은 꽃이 되어

잘 살기 바래.

시인의 말

필사하며 우리는 어른이 됩니다

우리의 기분이 매양 좋은 건 아닙니다.
더러는 무겁고
더러는 두렵고
더러는 지치고
더러는 따분하고
심지어는 쉬고 싶은 것이 우리의 삶이지요.
그렇지만 우리는 그러한 모든 날이 기분 좋은 하루가 되기를
소망합니다.
그렇지요. 소망입니다.
안 그런 것을 그런 것으로 바꾸고 싶을 때의 마음이 소망이지요.
이러한 소망이 자라고 자라면 정말로 안 그런 날이 그런 날로
바뀔지도 모릅니다.
그것을 꿈꾸면서 바라면서 우리는 시를 읽습니다.
길지 않은 시. 어렵지 않은 시. 복잡하지 않은 시를 읽습니다.
어느 사이 잔잔한 시의 강물이 당신의 가슴에 전달되면 당신의
삶이 끝내 싱싱한 나날들로 바뀌게 될지 모릅니다.

다가올 그날을 기다리며 당신에게 필사를 권합니다.

소리 내어 시를 읽으며 필사하면 시를 세 번 읽는 것과 같습니다. 눈으로 한 번 읽고, 쓰면서 한 번 읽고, 내가 읽는 소리를 내 귀가 들어서 다시 한번 읽습니다.

시의 강물이 세 번 흐르는 사이 우리들 마음은 자라고 자라 성숙한 어른이 될 것이며, 그렇게 바라본 삶은 이전보다 더 곱고 아름다울 것입니다.

필사는 언제 해도 좋지만, 눈뜨자마자 한다면 하루의 시작부터 기분이 맑아질 것입니다.

나의 시 작품 가운데 '아침 시간'에 '가볍게 산뜻하게' 읽기 좋은 시들만을 골랐습니다.

아침에 읽는 시라고 하니, 기분이 좋아집니다.

그 시들이 내가 쓴 작품이라고 하니, 더욱 기분이 좋아집니다.

이 시집을 읽는 분들의 삶이 부디 가볍고 산뜻하게 바뀌기를, 그리하여 우리 모두가 소란한 세상에서도 평온함을 느낄 수 있는 어른의 삶을 살아갈 수 있기를 바랍니다.

그것을 믿습니다.

2025년 초여름,
나태주 씁니다.

차례

시인의 말 ······ 6

Part 1

잘 잤어?
아침 햇빛은
눈부시고?

아침 인사 ······ 14
아침 새소리 ······ 16
다 좋았다 ······ 18
일기 ······ 20
선한 양식 ······ 22
하루 ······ 24
사치 ······ 26
좋은 날 ······ 28
원점 ······ 30
좋은 일 ······ 32
너는 별이다 ······ 34
그냥 낭만 ······ 36
기쁜 일 ······ 38
결혼 축하 ······ 40
소감 ······ 42
전화 건 이유 ······ 44
가볍게 ······ 46
기념일 ······ 48
팔짱 ······ 50
꽃 필 날 ······ 52
삶 1 ······ 54
양란 ······ 56
인생의 일 ······ 58
사랑이 이끄는 대로 ······ 60
너처럼 ······ 62
시인의 필사 아침 인사 ······ 64

Part 2

그래 나도 좋다
살아 있는 오늘이

오늘	68
초여름	70
맑은 날	72
삶의 목표	74
여행	76
응	78
안부 전화	80
사랑받는 사람	82
축복 1	84
쉬운 일	86
선배님	88
감사 1	90
오직 너는	92
삶 2	94
희망	96
좋은 날 하자	98
흰 구름에게	100
감사 2	102
이 가을엔	104
사랑 1	106
수선화	108
고백	110
말	112
알지요	114
아침의 생각	116
시인의 필사 오늘	118

Part 3

오늘의 약속은
사랑

축복 2	122
그냥 멍청히	124
인생 1	126
꽃밭에서	128
보태는 말	130
대답	132
가을 손님	134
엽서	136
약속 1	138
삶 3	140
삶의 지혜	142
그대로	144
인생 2	146
병상일지	148
우리들 마음	150
제자리	152
다시없는 부탁	154
전시회	156
당신	158
새삼스레	160
후회 없이	162
아침 안부	164
저 스스로를	166
후회	168
흠집	170
시인의 필사 삶 3	172

Part 4

고요한
우주의 숨소리를
들었습니다

아침 식탁	176
인생 3	178
아침	180
여가	182
새해 아침	184
인생길 위에	186
섬에서	188
시장행	190
사랑의 힘은 크다	192
그냥	194
삶 4	196
꿈	198
꽃	200
우정	202
예쁨은 힘이 세다	204
햇빛 밝은 날	206
미소	208
놓아라	210
산수유꽃	212
약속 2	214
돌부리	216
커피 전문점	218
기도 시간	220
사랑 2	222
나는	224
시인의 필사 아침 식탁	226

Part 1

잘 잤어?
아침 햇빛은 눈부시고?

아침 인사

잘 잤어?
아침 햇빛은
눈부시고?
그리고
숨 쉬기는 좋아?
보이는 것 가운데
미운 건 없어?
그럼 됐어
오늘도
잘 살기 바래.

아침마다 나는 그냥 잠이 깨는 게 아니고 배가 아파서 잠이 깹니다. 아침마다 배가 아프다는 건 매우 불편한 일이고 속상한 일입니다. 그래도 나는 내가 아직 살아 있기에 배도 아픈 것이라고 생각해봅니다. 그러면 배가 아픈 것이 그렇게 많이 억울하지 않습니다. 그런 때 세상이 아주 달라 보입니다. 안방에서 자고 일어난 아내에게 인사를 합니다. 안녕? 밤사이 별일 없었지?

아침 새소리

아침 새소리를 들으려고
어제저녁 일부러
일찍 잠들었는데
나보다 한발 앞장서
잠 깨어 숲을 흔들고
창을 흔들고
잠든 나를 흔들어 깨우는
새소리
온, 녀석들
부지런하기도 하지.

'아침 새소리를 들으려고/어제저녁 일부러/일찍 잠들었'다니 스스로도 놀라운 일이군요. 정말로 나에게 그런 날이 있었을까? 어디 여행지에서 그랬던가. 내가 쓴 글이면서 내가 쓴 글이 아닌 듯 낯섭니다. 아, 이런 시절도 나에게 있었구나. 조그만 감개가 있습니다. 앞으로도 가끔은 아침 새소리를 듣기 위해 귀를 기울여볼 일입니다. 분명 범상한 아침이 특별한 아침으로 다가오지 않을까 싶습니다.

다 좋았다

저녁은 눈물겨워 좋았고
아침은 눈부셔서 좋았다

당신이 세상에 살아 있는 한
그것은 내일도 그럴 것입니다.

젊은 시절엔 특별한 것, 새로운 것들만 찾아다니며 좋아했습니다. 하지만 나이 들어가면서 아무렇지도 않은 것, 낡은 것, 날마다 반복되는 것, 주변에 흔한 것, 작은 것들까지도 좋아지는 마음이 생기기 시작했습니다. 행복의 발견입니다. 왜 젊은 시절엔 '저녁은 눈물겨워 좋았고/아침은 눈부셔서 좋았다'는 걸 몰랐을까요? 당신이 젊은 분이라면 기다려보십시오. 분명 그런 시절이 옵니다.

일기

오늘은
맑은 하늘이라고 쓰고

맑은 마음이라고
다시 쓴다

그러면 마음이 맑아지고
잠도 잘 온다

흐린 날 하늘이라도
꾸중 들은 날이라도.

어린아이 마음을 빌려서 쓴 시, 동시입니다. 제목을 보니 일기장에 쓴 글인가 봅니다. 날마다 좋은 일 기쁜 일만 있는 건 아닙니다. 어떤 날은 안 좋은 일, 불편한 일이 더 많이 일어나기도 합니다. 그런 날이라도 우리는 마음을 달래어 바꿀 필요가 있습니다. 이미 일어난 일이 바뀌지는 않지만 내일을 살아가는 마음에 도움이 되기도 하니까 말입니다.

선한 양식

잠자리에서 일어나기가 쉽지 않다
가만가만 숨을 쉬면서
맑은 공기에게 감사해본다
살그머니 눈을 뜨면서
밝은 햇빛에게도 감사한다
오늘도 하루 살아갈 용기가 된다
힘이 된다
하루를 버틸 선한 양식이다.

먼 곳에서 문학 강연을 했거나 벅찬 일정이 있던 다음 날 아침에는 잠자리에서 일어나는 일이 더러 버거울 때가 있습니다. 그런 때 나는 우선 숨 쉬기부터 차근차근 시도해봅니다. 한 번, 두 번, 세 번. 숨을 쉴수록 조금씩 좋아지는 나 자신을 느낍니다. 그러면서 맑은 공기를 생각해보고 밝은 햇빛을 생각해봅니다. 감사한 마음이 조금씩 싹틉니다. 감사가 또 다른 양식이고 용기입니다.

하루

오늘은 일정이 없는 날
집에서 쉬고 있다고?
그래, 하루 편히 쉬렴
무엇보다도 너를 더욱
사랑하는 하루가 되기를!

어디 먼 곳, 어린 사람에게 하는 말이었을까요? 일정이 없어 오히려 어정쩡한 날. 차라리 자기 자신을 위해 하루를 보내자 마음먹습니다. 지금까지의 날들이 다른 사람과 어울려 다른 사람을 사랑하면서 살아온 날들이라면 일정이 빈 날은 자기를 위해, 자기를 사랑하는 마음으로 살았으면 합니다. 타인을 사랑하기보다 자기를 사랑하는 일이 더 어렵다는 걸 알게 된 사람의 마음입니다.

사치

근원 모를 외로움에 손목 잡혀
꽃집에 들러
줄 사람도 없으면서 사 들고 나온
꽃다발
누구에게 줄까?
길을 가다가 아무나
만나는 첫사람에게나
주리라
안녕 안녕
오늘은 좋은 날.

    되는 일도 없고 안 되는 일도 없는 날이 있지요. 이런 날은 스스로에게 제동을 걸 필요가 있습니다. 길가의 꽃집에라도 들러 꽃을 구경하는 것입니다. 더러는 마음에 드는 꽃 몇 송이로 조그만 꽃다발을 주문해 가지고 나오기도 합니다. 특별히 줄 사람이 있어서 산 꽃다발은 아닙니다. 길을 가다가 아는 사람 하나 만나면 그가 누구든 꽃다발을 준다? 아무래도 '사치'스런 낭만입니다.

좋은 날

하고 싶은 일을 하니 좋고
하고 싶지 않은 일을 하지 않으니
더욱 좋다.

　　어느 날 외부 일정이 어정쩡했습니다. 가고 싶은 마음보다 가고 싶지 않은 마음이 더 강했습니다. 에라 모르겠다, 일정을 접고 산책하러 나가는 아내를 따라갔습니다. 그렇게 마음이 가벼울 수가 없었습니다. 바람이 더 싱그럽고 햇빛이 더 맑았습니다. 그때 깨달았습니다. 하고 싶은 일을 하면서 사는 것도 좋지만 하고 싶지 않은 일을 하지 않고 사는 건 더욱 좋은 일이라고.

원점

오늘은 월요일
새로 일주일
여행을 떠납니다

오늘은 1일
새로 한 달치
여행을 떠납니다

오늘은 1월 1일
1년짜리 조금은
긴 여행을 떠납니다

언제나 무사히
한 바퀴 돌아
이 자리로 오게 하소서.

　　　하루하루 우리의 삶은 조그만 여행입니다. 아침마다 나는 침상에서 일어나 기도를 드립니다. 오늘 하루 잠에서 깨워주시어 감사합니다. 하루치 여행 잘 마치고 돌아와 다시금 쉴 수 있도록 돌보아주소서. 살아있는 날은 언제나 축복이고 감사이고 또 여행입니다.

좋은 일

오늘도 나는 살아 있다
오늘도 나는 어딘가를 간다
오늘도 나는 누군가를 만난다
오늘도 나는 무슨 일인가를 한다

오늘 하루 이보다 좋은 일은 없다.

아, 나는 오늘도 살아 있는 사람이고 어딘가를 가는 사람이고 누군가를 만나는 사람이고 무슨 일인가를 하는 사람이라는 것! 그 네 가지 사실과 보람과 사명과 더없이 분명한 명제. 이보다 더 좋은 인생의 목표는 없습니다. 부디 놓치지 마십시오. 그렇다면 당신이 무심히 보내는 하루하루 순간순간은 진저리 칠 정도로 반짝이는, 그 무엇으로도 바꾸기 어려운 소중한 것이 될 것입니다.

너는 별이다

남을 따라서 살 일이 아니다
네 가슴에 별 하나
숨기고서 살아라
끝내 그 별 놓치지 마라
네가 별이 되어라.

어느 날 서울 코엑스의 별마당도서관장 지상현 씨가 '별'에 대한 시를 한 편 써달라고 해서 핸드폰 문자로 써서 보낸 글입니다. 그렇지만 나로서는 오래 묵었던 마음을 담은 내용입니다. 마음에 별이 없는 사람이 주변에 너무나도 많았거든요. 그래서 그들에게 각성하는 마음을 주려고 이 글을 썼습니다. 차라리 '네가 별이 되라'고! 지금도 이 글이 별마당도서관에 게시되어 있습니다.

그냥 낭만

낭만, 그냥 낭만
국적 없는 낭만
떠돌이 낭만
조금은 떨리고 조금은 서럽고
조금은 기쁘기도 한 낭만
지절거리는 아침 새소리가 되고
반짝이는 한낮의 시냇물 되고
저녁에는 또 날리는 꽃잎이 되기도 하겠네

이것도 너한테서 받는 하나의 선물.

낭만이 특별한 것인 줄 알던 시절이 있었습니다. 술과 여행과 좋은 풍경 앞에서만 낭만이 낭만인 줄 알던 시절이 있었습니다. 그러나 진정한 낭만은 우리의 삶 그 자체, 일상이란 걸 알게 되었습니다. 진정으로 좋아하는 누군가가 있어서 그런 것입니다. 그냥 낭만입니다. 일상 그 자체, 떠돌이, 국적 없는 낭만입니다. 사랑하는 한 사람에게서 받은 선물치고는 벅찬 선물입니다.

기쁜 일

누구에게선가 들었다

정말로 행복한 사람은
다른 사람을 행복하게 해주고
그 사람이 행복해하는 모습을 보면서
자기도 따라서 기뻐하는 사람이라고!

내가 또 그런 사람이 되고 싶은 걸
알게 되어 기쁘다.

분명히 기억하지는 못하지만 정말로 누군가에게 들은 이야기입니다. 강연하러 갔을 때 청중 가운데 한 사람으로부터 들은 말일 겁니다. 정말로 행복한 사람은 다른 사람을 행복하게 해주고 그것을 보며 자기도 따라서 행복해하는 사람이라고! 귀가 번쩍 뜨이고 핑그르르 세상이 바뀌는 말씀이었습니다. 귀동냥으로 듣는 진실의 말씀이 우레와 같았던 날의 감동을 아직도 되새깁니다.

결혼 축하

인생은 길면서도 짧다
사랑하며 살면 그렇게 된다
인생은 짧으면서도 길다
사랑하며 살면 또 그렇게 된다
천년을 하루같이
한 날을 천년같이.

주변의 젊은이 가운데 한 사람 결혼을 했고 그때 주례를 서기도 했던가 봅니다. 그러고 나서의 소감이고 충고였지 싶습니다. 나이 먹은 사람의 말, 꼰대의 말이라고 제쳐놓지 않았으면 좋겠습니다. 짧고 허무한 인생. 길고도 지루한 인생. 다 같이 맞는 말씀이지만 더 좋은 말씀은 길면서도 짧은 인생입니다. 그러려면 무조건 사랑하면서 살아야 합니다.

소감

봄의 들판
여름의 언덕
가을의 나무
아, 겨울의 눈

그리고도 흰 구름과 바람과
별과 새들과 강물과
너 한 사람!

이 세상에 와서 내가 만난
가장 빛나고도 서럽고도
아름다운 항목들.

사계절입니다. 봄, 여름, 가을, 겨울. 그렇게 말하면 지루하고 따분합니다. 들판과 언덕과 나무와 눈을 가져오면 사계절이 그대로 반짝이는 그 무엇으로 바뀝니다. 우리네 인생도 마찬가지입니다. 흰 구름과 바람과 별과 새들과 강물과 함께 누군가를 생각해보십시오. 대번에 싱싱한 의미로 다시 태어나고 말 것입니다. 그것은 내 탓으로 그런 것이 아니고 오로지 당신 탓으로 그렇습니다.

전화 건 이유

날이 갰다
베란다 열고
빨래 말려

마음도 열고
마음도 말려
우울도 말리고

눅진한 느낌
멀리 날려 보내
바람에게나 줘.

여름날. 비 오고 갠 날이었지 싶습니다. 지금은 결혼하고 서울에서 아기 낳고 사는 딸. 글을 쓰기도 하고 대학에서 학생을 가르치기도 하는 딸. 그 딸을 생각하며 공주에서 전화라도 걸었던지, 문득 카톡이라도 보냈던지, 그랬나 봅니다. 날이 맑으니 베란다 열고 빨래도 말리고 마음도 말리고 우울도 말리자는 전언(傳言)은 더없이 정겨운 안부요 부탁이요 염려이고 또 응원이겠습니다.

가볍게

모르는 것도 가볍게
처음 해보는 일도 가볍게
낯선 사람하고도 가볍게
낯선 곳을 찾을 때도 가볍게
익숙한 일은 더욱 가볍게
그렇게만 살 수 있다면
얼마나 좋았을까?

　우리의 삶은 너나없이 너무나 무겁고 심각합니다. 어디든지 부리고 싶은 마음이 있습니다. 그런 때는 주저하지 말고 부리도록 합시다. 그걸 또 불교에서는 방하착(放下著)이라는 말로 풀이합니다. 부리고 나면 가벼워집니다. 새로운 세상이 보입니다. 지나치게 근엄하고 당당한 우리. 너무 심각한 우리. 얼굴 표정부터 부드럽게 편하게 가졌으면 합니다. 조금씩 세상이 좋아질 겁니다.

기념일

모름지기 하루하루를
기념일로 생각하며
살아갈 일이다
오늘은 모처럼
비가 오신 기념일
산의 나무와 풀들이 비를 맞고 신이 나서
새로이 숨을 쉬면서 손을 흔들며
내게 눈짓을 보내오지 않는가!
오늘은 비 온 기념으로 퇴근길에
나나 무스쿠리의 음반이나 하나 사고
영화나 그럴듯한 것으로 한 편 보아야겠다.

그렇습니다. 중년의 어느 날. 따분하고 지루하고 지치기도 하던 날. 비 오는 날의 퇴근길이었나 봅니다. 조금은 홀가분한 기분으로 시장 길이라도 걷고 있었을지 모릅니다. 문득 떠오르는 한 생각. 하루하루를 기념일이라고 생각하며 살아보면 어떨까? 거기에서 하나의 구원이 옵니다. 당신도 하루하루가 따분하십니까? 그렇다면 당신의 하루하루를 기념일이라고 생각하면서 한번 살아보시지요.

팔짱

내가 나를
안아주고 싶을 때
내가 나를
용서해주고 싶을 때
내가 나를
칭찬해주고 싶을 때.

자기를 사랑해주는 일은 쉽지 않습니다. 그렇다면 자기가 자기를 안아주고 용서해주고 칭찬해주는 일은 더욱 어려운 일입니다. 그러나 그것이 진정 그렇다고 해도 우리는 자신을 사랑하려고 노력해야 하고 안아주려고 시도해보아야 하고 용서해주려고 마음을 써야 하고 칭찬해주려고 애를 써야 합니다. 그때 좋은 방법이 팔짱을 끼고 두 팔로 자기의 가슴을 감싸안아주는 일입니다.

꽃 필 날

내게도
꽃 필 날 있을까?
그렇게 묻지 마라

언제든
꽃은 핀다

문제는
가슴의 뜨거움이고
그리움, 기다림이다.

오랫동안 내 곁에 있다가 결혼해서 멀리에 사는 한 여자아이가 있습니다. 언제나 예쁜 새처럼 지절거리던 그 아이. 그러나 두 아이의 엄마가 되고는 힘들게 지치게 삽니다. 어느 날 그 아이의 핸드폰 카톡을 보았습니다. '내게도 꽃 필 날 있을까?' 가슴이 철렁했습니다. 얘야, 제발 그렇게 생각하지 말아라. 그 아이를 위해서 쓴 문장입니다. 이제는 그 아이, 제 아이들도 자라 안심이랍니다.

삶 1

언제든 누구와 만나서든
나는 손해 보고 살지 않는다
언제 누구에게서든
배울 것 느낄 것은 많고 많기 때문.

김수환 추기경님의 말씀입니다. 《탈무드》에 나오는 말을 가져다 하시는 말씀이라지만 참 좋은 말씀이었습니다. 세상에서 가장 부자인 사람은 자기가 가진 것에 만족하는 사람이고, 세상에서 가장 강한 사람은 자기 자신을 이기는 사람이고, 세상에서 가장 현명한 사람은 세상 모두에게서 배우는 사람이라고. 언제부터인지 모르게 나도 그것을 알게 되어 조금씩 좋아지는 사람이 되었습니다.

양란

예쁘다 예쁘다
몇 해를 두고
말해줬더니
꽃이 폈어요

그 마음 그 말씀이
오히려 꽃입니다.

충북 옥천의 지용문학제에 간 일이 있습니다. 점심 식사를 한 집이 고풍스러웠으며 그 집 마루에 여러 개의 화분이 놓여 있었고 거기에 양란이 피어 있었습니다. 건강하고 새하얀 양란이었습니다. 음식점 주인이 정성을 들여 키우는 꽃이라 합니다. 양란은 잘 키우기 어려운 화초입니다. 얼핏 그걸 알고 물었더니 주인 아낙 대답이 일품이었습니다. 예쁘다고 몇 해 말해줬더니 꽃을 피웠노라고.

인생의 일

나에겐 시간이 많지 않다
그래도 서둘러서는 안 된다
시간이 많지 않기 때문에
더욱 조심히 말을 하고
더욱 정성껏 글을 쓰고
더욱 천천히 길을 걸어야 한다
사소한 것들에게 더욱
마음을 많이 주어야 한다
이것은 모순이 아닌 모순
모든 인생의 일들이 그런 것이다.

누구에게나 시간은 많지 않습니다. 다만, 시간이 많지 않다는 것을 아는 사람과 그것을 모르는 사람이 있을 뿐입니다. 자기에게 시간이 많지 않다는 것을 아는 사람은 자연히 시간을 아껴서 정성껏 쓸 것이고, 그렇지 못한 사람은 시간을 함부로 아무렇게나 쓸 것입니다. 끝내 시간이 많지 않다고 여기는 사람에게는 많은 시간이 허락될 것이고 그렇지 못한 사람에게는 반대가 될 것입니다.

사랑이 이끄는 대로

사랑이 이끄는 대로 따라가 보면
어둔 이 세상도 때로는
빛나는 천당과 극락.

　　　사랑이 이끄는 길이 좋기는 좋은가 봅니다. 그 길을 따라가다 보면 어둡고 답답하고 때로는 지옥 같은 이 세상도 빛나는 극락이 되고 천당도 된다고요! 어림없는 매직이요, 요술입니다. 그렇습니다. 우리가 함께 있는 사람을 천사라고 생각하고 천사로 대하면 그 사람이 때로 천사가 되어주기도 하고 우리가 사는 세상을 천국이라 여기면 우리들 세상이 천국으로 바뀌기도 할 것입니다.

너처럼

나는 운이 좋은 사람
오늘도 살아 있는 사람이어서 좋고
어딘가를 갈 수 있어서 좋고
무슨 일인가 할 수 있어서 좋지만
무엇보다도 너를
만날 수 있어서 좋아
너도 부디 그러길 바래
너 잘 살기 바래
너처럼
너를 닮은 꽃이 되어
잘 살기 바래.

　　사람을 사랑하는 마음에도 여러 가지가 있습니다. 사랑하는 사람을 내 편으로 끌어들여 사랑하는 마음이 있고, 네 편으로 그냥 놔두고 사랑하는 마음이 그것이지요. 젊어서는 오로지 내 편으로 끌어들이는 사랑이 사랑이었습니다. 그러나 나이 들어서는 너를 그 자리에 두고 하는 사랑이 더 좋은 사랑이라는 것을 알게 됩니다. 하나의 축원이고 하얀 사랑이고 어버이의 마음이기도 합니다.

시인의 필사

아침 인사

잘 잤어?
아침 햇빛은
눈부시고?
그리고
숨 쉬기는 좋아?
보이는 것 가운데
미운 건 없어?
그럼 됐어
오늘도
잘 살기 바래.

아침 인사

잘 잤어?
아침 햇빛은
눈부시고?
그리고
숨 쉬기는 좋아?
보이는 것 가운데
미운 건 없어?
그럼 됐어
오늘도
잘 살기 바래.

Part 2

그래 나도 좋다
살아 있는 오늘이

오늘

화내지 마세요
오늘이 얼마나
좋은 날입니까

슬퍼하지 마십시오
오늘이 얼마나
감사한 날입니까

얼굴 찡그리지 마십시오
당신이 얼마나
귀한 사람입니까.

　　　오늘은 결코 어제가 아니고 내일도 아닙니다. 오늘은 오직 오늘일 뿐입니다. 모든 현자는 오늘의 삶에 집중했고, 오늘을 소중히 여기며 살라고 권했습니다. 그렇게 소중한 오늘 앞에서 우리가 우물쭈물할 일이 아닙니다. 화내거나 슬퍼하거나 얼굴 찡그리는 건 오늘에 대한 예의가 아닙니다. 그러한 오늘에 만난 당신. 얼마나 귀한 사람입니까! 진작 알았어야 할 일입니다.

초여름

너도 좋으냐?
살아 있는 목숨이

그래 나도 좋다
살아 있는 오늘이.

여름날, 호남 지방 쪽 문학 강연을 마치고 공주로 귀환하던 오후 시간이었던가 봅니다. 넓은 차창으로 들판이 보이고 나무가 보이고 초록빛 풀밭이 보였습니다. 바라보는 마음도 열려 기분이 좋아졌던 모양입니다. 피차간 다만 살아 있는 목숨이라는 공통점에 마음이 닿았습니다. 아, 오늘도 나는 살아 있는 목숨이구나. 그럴 때 마음엔 기쁨의 샘물이 차오르고 또 하나의 들판이 열립니다.

맑은 날

오늘은 날이 맑아
마음도 길게 자라
멀리 아주 멀리까지
가고 싶어 안달이다

시든 마음도 꽃을 피워
하늘 보고 웃고 싶어
보아라 키가 큰 내 마음
그 끝에 나부끼는 너의 깃발.

　　맑은 날은 좋은 날. 마음이 멀리까지 갑니다. 멀리까지 가서 좋은 사람을 만나고 싶어 합니다. 그것은 떠돌이 마음. 방랑의 마음이며 흰 구름의 마음. 하나의 낭만. 그 낭만의 중심에 '네'가 있습니다. 너는 가장 좋은 이인칭. 너를 생각하면 나의 마음은 푸르러지고 키가 자라고 자라 국기 게양대만큼 높아집니다. 높이 걸려 펄럭이는 마음아. 나의 마음이면서 또 너의 마음입니다.

삶의 목표

날마다
이 세상 첫날처럼 마지막 날처럼

날마다
욕 안 얻어먹기와 밥 안 얻어먹기

날마다
요구하지 않기와 거절하지 않기

말로는 쉬운데
지키기는 참 어려운 일들이다.

　살면서 인생관이 여러 차례 바뀌었습니다. 좌우명이 바뀌었다는 말이기도 합니다. '이 세상 첫날처럼 마지막 날처럼' 그것은 40대, 50대의 좌우명. '욕 안 얻어먹기와 밥 안 얻어먹기'는 60대의 좌우명. '요구하지 않기와 거절하지 않기'는 70대, 80대의 좌우명. 한결같이 지키기 어려운 좌우명이지만 가장 어려운 건 마지막 좌우명입니다. 그걸 지키려고 지금도 허위허위 삽니다.

여행

얘기해드리고 싶어요
나 먼 데 갔다 왔거든요

새로운 것도 많이 보고
잃어버린 나를
찾아오기도 했거든요.

　　우체국 창구의 여직원이 참 맑고 깨끗한 웃음을 지닌 아가씨였습니다. 그 아가씨를 만나기 위해 자주 우편물을 부치러 다니기도 했지요. 그런데 언제부턴가 그 아가씨가 보이지 않는 거예요. 다른 직원에게 물었더니 상당 기간 쉬었다가 출근할 거라고요. 보름쯤 뒤 그 아가씨가 출근했을 때 다시 만나 나눈 대화입니다. 여행의 정의를 그 아가씨가 알려주었습니다.

응

가장 편하고 좋은 대답
가장 공평한 세상
가장 기분 좋은 어울림

세상 어디에
이렇게도 예쁘고 좋은
글자가 또 있을까?

오늘 핸드폰 문자로
딸아이가 보내준
딱 한 마디의 말

이것으로
모든 것이 통하고
모든 것이 완성된다.

    서울에 사는 딸아이에게 가끔 핸드폰 문자나 카톡으로 부탁이나 요구를 길게 적어서 보낼 때가 있습니다. 그럴 때 딸아이에게서 오는 답신은 의외로 명쾌합니다. '응'이라는 단 하나의 글자. 글자의 생김이 매우 재미있습니다. 모음 'ㅡ'를 사이에 두고 ㅇ이 아래위로 사이좋게 있습니다. 공평합니다. 정답습니다. 그래서 '응'이 좋습니다.

안부 전화

지금 어디에 있어요?
누구하고 무엇 하고 있나요?
예전엔 그렇게 물었는데

요즘은 다만
이렇게만 묻고 말한다

별일 없지요?
네, 이쪽도 아직은
별일 없어요.

　　누군가를 사랑해본 사람은 알 것입니다. 전화 걸 때 제일 먼저 꺼내는 말. 지금 어디 있느냐고, 누구하고 무엇 하고 있느냐고. 장소와 행동과 같이 있는 사람이 궁금했던 것입니다. 그러나 코로나19 시절엔 '별일 없느냐?'부터 물었습니다. 안부가 더 궁금했던 것입니다. 편안한지 그렇지 않은지가 안부입니다. 우리는 그렇게 안부가 궁금한 사람들로 삽니다. 그만큼 힘겨운 삶입니다.

사랑받는 사람

내가 너 많이 사랑하는 줄
너도 알지?

어떤 경우에도 너 자신을
아끼고 사랑하기 바란다

곱고도 여린 너의 몸과 마음
상할라 지칠라 걱정이란다.

제목과 내용이 거꾸로 되어 있군요. 제목은 '사랑받는 사람'인데 실은 '사랑하는 사람'의 마음을 담았습니다. 역시 나이 든 사람의 사랑입니다. 누군가를 사랑하여 가슴에 담으면 그를 걱정하고 염려하는 마음이 많습니다. 그러고 보면 누군가를 사랑하는 마음도 짐스러운 것이고 힘겨운 것입니다. '곱고도 여린 너의 몸과 마음'이 상하지 않길 지치지 않길 바라는 마음, 역시 기도입니다.

축복 1

처음보다는
나중이 좋았더라

좋았어도
아주 많이 좋았더라

날마다 너의 날들도
그러기를 바란다.

　세상의 모든 일이 그렇지만 처음보다 나중이 좋아야 합니다. 인생도 그렇고 사랑도 그렇습니다. 젊은 시절엔 잘 알지 못하지요. 인생의 불행 첫 번째가 '소년 출세'입니다. 아주 어린 나이에 출세하고 유명해지는 것이 불행이라는 것이지요. 그런데도 우리는 기를 쓰고 어린 나이에 출세하는 사람이 되기를 바랍니다. 어리석음입니다. 천천히 가도 목적지에 도달하는 것이 진정한 성공입니다.

쉬운 일

그건 쉬운 일이에요
내가 먼저 말하는 것이고
내가 먼저 웃는 일이에요

꽃한테 내가 먼저 말해보고
내가 먼저 웃어보세요
꽃들도 말을 해줄 것이고
웃어줄 거예요

하늘한테 그래보세요
하늘도 무언가 말을 해줄 것이고
벙글벙글 웃어줄 거예요
그건 쉬운 일 참 쉬운 일이에요.

　쉬운 일이라고 했지만 정작 쉬운 일이 아닙니다. 세상을 거꾸로 보는 일이고 말을 거꾸로 하는 일이기 때문입니다. 우리는 언제나 나 자신이 주인공이라고만 우깁니다. 그걸 바꾸어볼 필요가 있습니다. 하늘이 주인이고 꽃이 주인이고 흰 구름이 주인이라고 생각해보세요. 내가 그들을 바라보는 게 아니라 그들이 나를 바라본다고 생각해보세요. 핑그르르 세상의 판이 바뀔 것입니다.

선배님

정말로 좋은 보석은
오래 몸에 지녀도
변하지 않는 물건이어야 하고

정말로 좋은 우정은
오랜 세월 견뎌도
변하지 않는 마음이어야 한다는데

오늘 그 우정과 보석을
당신에게서 봅니다.

　글을 쓰는 오랫동안 문단에서 사귄 사람이 여럿입니다. 그런 가운데 한 좋은 선배 시인이 나에게는 있습니다. 서울신문 신춘문예에 나보다 몇 년 앞서서 당선된 시인이지요. 다른 시인에 비해 이분은 겸손하고 선량한 것이 특징입니다. 선배로서 내로라 잘난 척하지 않고 자기주장을 강하게 하지도 않습니다. 이런 분에게서 나 자신, 선배로서의 도리와 태도를 배웁니다. 고마운 일입니다.

감사 1

오늘도 물과 밥 먹을 수 있음에
감사

오늘도 무슨 일인가 할 수 있음에
감사

오늘도 누군가 만날 수 있음에
감사

더불어 어딘가 갈 수 있음에
감사

무엇보다 숨 쉬는 사람임에
감사.

　장애인 자식을 둔 부모가 날마다 감사의 항목을 찾아서 노트에 적어보았다고 합니다. 왜 그랬을까요? 자기가 살아남기 위해서 그런 것입니다. 결국 감사도 자신을 위한 것입니다. 나만 해도 왜 이런 글을 썼을까요? 죽을병에 걸려 병원에서 104일 동안 물 한 모금 밥 한 숟가락 입에 넣지 못하고 주사로만 견디고 나니 나름대로 깨달은 바가 있어서 이런 글을 쓸 수 있었답니다.

오직 너는

많은 사람 아니다
많은 사람 가운데
오직 너는 한 사람
우주 가운데서도
빛나는 하나의 별
꽃밭 가운데서도
하나뿐인 너의 꽃
너 자신을 살아라
너 자신을 빛내라.

　　아무리 비슷한 물건이라도 똑같은 것은 없습니다. 유일성, 순간성, 변화성이 이 세상 만물의 속성입니다. 그러함에 사람은 더 말할 것이 없습니다. 나 자신도 유일한 하나요, 내가 좋아하는 사람인 너도 마찬가지입니다. 그것을 깨달아 알고, 하루하루 또한 유일하다는 것을 알고 살아간다면 그 어떤 경우에도 후회가 없을 것입니다. 우주 만물 가운데 오직 하나 빛나는 목숨인 너와 나!

삶 2

자기가 하고 싶은 일을 하면서
사는 삶이기를!

부디 다른 사람에게 비난받지 않는
그런 삶이기를!

더더욱 다른 사람에게 칭찬받는
그런 삶이기를!

나에게 빌고
너에게도 빈다.

　좋은 삶, 성공한 인생을 이렇게 정의한 시절이 있었습니다. 첫째, 내가 하고 싶은 일을 하면서 살 것. 둘째, 그 일이 다른 사람의 비난을 받지 않을 것. 셋째, 그 일이 다른 사람에게 도움을 줄 것. 글쎄요. 내가 그런 인생을 살았는지는 모르지만 그렇게 살려고 노력해보기는 했습니다. 시를 쓰는 일이 바로 그 일인데 나의 시가 사람들의 삶에 도움이 되기를 바랍니다.

희망

그대 만나러 갈 땐
그대 만날 희망으로
숨 쉬고
그대 만나고 돌아올 땐
그대 다시 만날 날을 기다리는
희망으로 또한
나는 숨 쉽니다.

　　희망이란 사람을 살리는 공기와 같은 것입니다. 가볍고 작고 흔하지만 언제 어디서나 없어서는 안 되는 그 무엇 말입니다. 희망으로 살지요. 희망으로 숨 쉬지요. 희망으로 걸음을 걷지요. 희망으로 하늘을 우러르지요. 젊어서 한때 좋아하던 여자 친구를 만나러 다닐 때가 있었습니다. 그녀를 만나러 갈 때와 만나고 돌아올 때 서로 다른 마음이지만 다시 만난다는 희망만은 같았습니다.

좋은 날 하자

오늘도 해가 떴으니
좋은 날 하자

오늘도 꽃이 피고
꽃 위로 바람이 지나고

그렇지, 새들도 울어주니
좋은 날 하자

더구나 멀리 네가 있으니
더욱 좋은 날 하자.

　　시의 제목이 문법에 맞지 않는다는 말을 들었습니다. '좋은 날 하자'가 아니라 '좋은 날로 하자'가 맞다는 겁니다. 그럴지 모릅니다. 하지만 나는 입에서 나오는 대로 제목을 잡았습니다. 구어체입니다. 좋은 날, 특별한 날이 아니고 날마다 좋은 날이라는 생각입니다. 좋은 사람, 특별한 사람이 아니라 내 앞에 있는 사람(너)이 좋은 사람이라는 겁니다. 평범 속에 특별을 찾자는 생각입니다.

흰 구름에게

날마다 아침이면
이 세상 첫날처럼

날마다 저녁이면
이 세상 마지막 날처럼

당신도 그렇게, 그렇게.

　　　그렇습니다. 40대 무렵입니다. '날마다 최선을 다하자'는 마음으로 살다가 발길을 멈추고 숨결을 고르고 나서 마음을 바꾼 것이 바로 날마다 '이 세상 첫날처럼, 이 세상 마지막 날처럼'이었습니다. 결국은 비슷한 내용이긴 하지만 표현이 좀 더 구체적으로 세련되었다는 점이 조금 다르지요. 그런 마음으로 멀리 있는 사람에게 소식을 전한 일이 있었지요. 닉네임이 '흰 구름'이었던 그 사람에게.

감사 2

이만큼이라도 남겨주셨으니
얼마나 좋은가!

지금이라도 다시 시작할 수 있으니
얼마나 더 좋은가!

　　　감사의 항목이 크고 멀던 시절이 있었습니다. 하지만 2007년, 교직 정년의 해에 죽을병에 걸렸고 구사일생으로 병원에서 살아 나온 후 감사의 기준과 요구가 아주 작아지고 낮아졌습니다. 늘 불평스럽게 생각했던 일이 다행한 일이고 감사한 일이었습니다. '그나마'이고 '아직도'입니다. 이만큼이라도 남아 있음을 알고 지금이라도 다시 시작할 수 있음을 아는 마음, 그것은 눈물겨운 깨침입니다.

이 가을엔

조금은 손해 보는 삶을
생각해보리라 이 가을엔
다른 사람들이 나에게 잘못한 일보다는
내가 다른 사람에게 잘못한 일이 없었나
다른 사람 마음 아프게 해준 일은 없었나
조금은 천천히 걸으며 숨 쉬며
뒤돌아보리라 이 가을엔
지난여름 나의 편협 나의 아집
나의 성급함과 나의 속단
장롱 속에 눅진 옷가지들을 꺼내어
햇볕에 말리우듯
그것들을 꺼내어 말리우리라
이 가을엔.

    1년 중 가을은 결실의 계절이기도 하지만 안정의 계절이고 치유의 계절이고 정리의 계절이고 이별의 계절입니다. 나아가 가을은 성찰의 계절입니다. 자신을 돌아보고 주변을 돌아봅니다. 그러고서는 새삼스럽게 놀라고 새삼스레 깨닫고 새삼스레 발견합니다. 실제로도 이때 눅진한 옷가지들을 말리기도 하지만 마음을 말릴 필요도 있습니다. 그것을 옛사람들은 거풍(擧風)이라 했습니다.

사랑 1

생각만 해도 봄이 되고
가까이만 가도 꽃이 피고
어쩌나!
안기만 해도 바다가 된단다.

    나는 내가 좋아하는 단어를 가지고 거푸거푸 시를 썼습니다. '사랑'도 그 가운데 하나입니다. 이렇게 여러 차례 같은 제목으로 글을 쓰는 건 분명하게 해답이 나오지 않아서 그렇고 또 만족하지 못해서 그런 것입니다. 사랑, 그것은 생각. 마음 깊이 하는 간절한 생각. 생각만으로도 봄이 되고 꽃이 핀다는 건 놀라운 일이고, 안기만 해도 바다가 된다는 건 충격이기도 합니다.

수선화

햇빛 나니 예쁘고
바람 부니 예쁘고
고양이 옆에 앉아
졸고 있으니
더욱 예쁘다.

　　얼마 전의 일입니다. 경기도 일산 쪽에 강연이 있어서 갔다가 시간 여유가 나서 거리를 돌던 중에 문득 만난 풍경을 남겨본 글입니다. 양지바른 가게 앞 뜨락에 수선화가 피어 있었고 그 옆에 고양이가 앉아 졸고 있었습니다. 이러한 삽화는 일본 그림에 자주 나오고 일본 시가(詩歌) 하이쿠에 나오는 분위기이기도 합니다. 하지만 나는 그걸 알면서도 조그만 글로 남겨보았습니다.

고백

나 오늘 너를 만남으로
이 세상 가장 아름다운 사람을
만났다 말하리

온종일 나 너를 생각하므로
이 세상 가장 깨끗한 마음을
안았다 말하리

나 오늘 너를 사랑함으로
세상 전부를 사랑하고
세상 전부를 알았다 말하리.

　사실은 거짓말이고 과장입니다. 하지만 그런 과장과 거짓말이 통할 때가 있습니다. 누군가를 사랑할 때입니다. 누군가를 사랑하면 세상이 변하지요. 칙칙한 세상이 갑자기 반짝이는 세상이 되지요. 점층법으로 변합니다. '가장 아름다운 사람'이 '가장 깨끗한 마음'으로, 끝내는 '세상 전부'로 바뀝니다. 그것이 사랑의 완성 단계인데 안타까운 것은 그것이 오래 가지 않는다는 점입니다.

말

하루 종일 버리고 버린 나의 말
사람들 가슴에 던지고 던진 나의 말

비수가 되지 않았기를
쓰레기가 되지 않았기를

더러는 조그만 꽃씨 되어
싹이 틀 수 있기를.

　　우리는 말하지 않고는 한순간도 살 수가 없습니다. 말이란 게 또 자기중심적이지요. 때로는 허공에 버린다는 생각이 들 때가 있습니다. 생각 없이 무책임하게 하는 말이지요. 그런 말들이 간혹 다른 사람들 가슴에 상처가 되고 부담으로 남게 되면 어쩌나요. 슬그머니 걱정이 될 때가 있습니다. 더러는 꽃씨가 되어 사람들 마음에 남아 예쁜 싹을 틔우며 자란다면 얼마나 좋을까요.

알지요

말하지 않아도 알지요
사랑한다고
사랑한다고

눈빛만 보아도 알지요
사랑했다고
사랑했다고

표정만 보아도 알지요
사랑할 것이라고
사랑할 것이라고.

　　사랑하는 사람들끼리는 말하지 않아도 잘 압니다. 표정만 보아도 압니다. 눈빛으로 행동으로 얼굴빛으로 대번에 압니다. 터키 속담에도 있지요. 사람이 숨길 수 없는 세 가지가 바로 가난과 기침과 사랑이라고. 굳이 사랑한다고, 사랑했다고, 사랑할 것이라고 말하는 건 군더더기 말, 췌사(贅辭)에 불과합니다. 사랑은 사랑 그 자체로 만족하고 사랑 그것만으로 가득한 그 무엇입니다.

아침의 생각

사랑은
두 사람이 마주 보는 것일까?

사랑은
두 사람이 한곳을 보는 것일까?

사랑은 끝내
두 사람이 가까이 마주 서 있는 것일까?

이 아침 다시 한번
해보는 생각이다.

　'사랑'처럼 난해한 개념도 없지 싶습니다. 도무지 본질이 잡히지 않고 정의되지 않는 게 사랑입니다. 이랬다저랬다 변덕이 심한 것이 또 사랑에 대한 마음입니다. 하지만 사랑이 이런 것일까 저런 것일까 궁금해하며 생각해보는 일은 매우 유익하고 아름다운 상상입니다. 잡히지 않는 무지개라지만 그것은 없는 것이 아니고 분명히 있는 것이요, 별빛 또한 가짜라지만 아예 없는 것은 아니니까요.

시인의 필사

오늘

화내지 마세요
오늘이 얼마나
좋은 날입니까

슬퍼하지 마십시오
오늘이 얼마나
감사한 날입니까

얼굴 찡그리지 마십시오
당신이 얼마나
귀한 사람입니까.

오늘

화내지 마세요
오늘이 얼마나
좋은 날입니까

슬퍼하지 마십시오
오늘이 얼마나
감사한 날입니까

얼굴 찡그리지 마십시오
당신이 얼마나
귀한 사람입니까.

Part 3

오늘의 약속은 사랑

축복 2

해가 떴구나
살아야지, 그러고
해가 졌구나
잘 살았구나, 그런다

그건
벌레들도 그렇고
새들도 그렇고
짐승들도 그렇고
하나님까지도 그러실 것이다.

날마다 같은 날이라고 생각하고 날마다 지루한 날이라 생각할 것입니다. 아침에 문득 잠 깨어 하루를 살고 저녁에 해가 져 밥 먹고 티브이 보다가 잠자리에 드니 하루를 무의미하게 살았노라 한탄할지 모릅니다. 하지만 그렇게 하루하루 사는 목숨이 위대한 것이고 거룩한 것입니다. 지상에 있던 모든 생명이 그랬습니다. 하나님까지도 그럴 것이란 것은 글을 위한 과장된 표현입니다.

그냥 멍청히

그냥 멍청히
앉아 있어도 좋은 산 하나
모두 변하고 마는 세상에
변하지 않아서 좋은
돌멩이 하나
모두 흐르는 세상에
흐르지 않아서 좋은
샘물 하나
더러는 시골 담장 밑에 피어 웃음 웃는
일년초처럼
잊혀진 개울의 낡은 다리처럼.

잊혀진 존재로 적막하게 살던 시절이 있었습니다. 40대 후반. 초등학교 교사. 시골 시인. 자동차도 없는 사람. 무엇 하나 내세울 만한 것이 없었지요. 빠르게 변하는 세상에 혼자서 변하지 않는 것들을 외워보고는 했지요. 산, 돌멩이, 샘물, 일년초, 낡은 다리. 중국 황하 가운데의 돌섬 지주중류(砥柱中流)를 알게 된 것도 그즈음입니다.

인생 1

살아보니
별거 아니다

탁!
그래도 좋았다.

60대쯤 되었을까요. 허위허위 살아보니 산다는 게 별것이 아니라는 생각이 있었습니다. 그만큼 살아도 이만큼이고 이만큼 살아도 그만큼이라는 생각. 허무하다는 생각. 산으로 치면 9부 능선쯤 올라간 사람의 느낌이었을까요. 땅바닥에 탁! 소리 나게 내팽개쳐버리고 싶은 인생입니다. 그래도 말입니다. 돌아보면 인생은 안쓰럽고 소중하고 끝내 좋았다는 생각이 없지 않았습니다.

꽃밭에서

뽑으려 하니
모두가 잡초였지만

품으려 하니
모두가 꽃이었습니다.

　　　실은 이 시는 나의 글이 아닙니다. 옛날 중국 사람 글 하나를 한글로 바꾼 것입니다. 중국 송나라 학자 주희의 글에 이런 문장이 있습니다. '미워서 뽑으려 하니 잡초 아닌 것이 없고, 좋아서 두고 보자니 꽃 아닌 것이 없다(若將除去無非草 약장제거무비초/好取看來總是花 호취간래총시화).' 참 좋은 말입니다. 꽃의 세상뿐 아니라 인간의 세상도 그런 게 아닌가 싶습니다.

보태는 말

물보다 진한 것은 피이다
이미 있는 말에
내가 한마디 보탠다

물보다 진한 것은 피이고
피보다 진한 것은 시간이다.

그렇습니다. 물보다 진한 것은 피이지만, 피보다 진한 것은 시간입니다. 그렇게나 시간이 중요합니다. 이것은 누가 한 말일까요? 내가 한 말입니다. 어떤 말이든 좋은 말을 가슴에 안고 살다 보면 그 말에서 싹이 나고 자라 나의 말이 됩니다. 우리 아버지와 어머니는 74년을 부부로 함께 사셨습니다. 그러므로 두 분은 서로가 서로에게 가장 소중한 사람입니다. 그건 나와 나의 아내 김성예도 마찬가지입니다.

대답

누군가 새해에는 당신
어떻게 살겠느냐 더러
물어올 때

한결같은 대답은
내일도 오늘처럼
내일도 지금처럼.

　　　　이 또한 삶의 태도와 각오입니다. 더러는 사람들이 물어올 때가 있습니다. 자기들이 볼 때 내가 나이가 제법 많은 사람이니 무언가 도움을 받기 위해 그러는가 싶습니다. 그럴 때마다 말문이 막히거나 대답이 궁하면 하는 말이 그 말입니다. '내일도 오늘처럼/내일도 지금처럼' 이것은 날마다 후회 없이 살겠다는 뜻의 다른 표현입니다. 정말 그럴 수 없지만 그러고 싶은 게 내 소망입니다.

가을 손님

이렇게 찾아왔는데
줄 것이 없어서 어쩌나?

그렇지 않습니다, 저는 지금
익어가는 산과 들
그 위에 풀벌레 울음소리

흐르는 바람까지 덤으로
받고 있는 걸요!

　　이 시는 본래 <별곡집 1>입니다. '별곡집'이란 제목으로 쓴 여러 편 시 가운데 첫 번째 시라는 뜻입니다. 편의상 이 책에서는 제목을 고쳤습니다. 두 사람이 주고받은 대화로 되어 있습니다. 세상에 귀한 것은 꼭 눈에 보이는, 돈을 주고 사는 물건만은 아닙니다. 때로는 무형의 그 무엇일 수 있고 자연일 수도 있습니다. 그런 걸 나는 가끔 젊은이들로부터 배웁니다.

엽서

낯선 고장에 와서
생각나는 사람에게
될수록 예쁜 그림엽서를 사서
될수록 짧게
말들을 적음은
우리가 헤어져 있음이 아니요
우리가 잊혀졌어도 아주는
잊혀지지 않은 까닭입니다.

여행을 가서이지요. 나는 굿즈숍을 기웃대며 선물 사기를 좋아합니다. 무어든 한 가지씩은 사 가지고 옵니다. 그렇게 사 가지고 오는 물건 가운데 가장 자주 사는 것은 그림엽서입니다. 시간이 허락된다면 거기에 간단한 사연을 적어 누군가에게 보낸다면 좋겠지요. 그리운 마음입니다. 멀리 떨어져 있어도 가까이 느껴지는 마음입니다. 결국은 이 그리움이 번번이 시를 낳게 도와줍니다.

약속 1

어제는 잊혀진 약속이고
내일은 지키기 어려운 약속이다

다만 약속이 있다면 오늘
오늘의 약속은 사랑.

      그렇게 복잡하게 말하지 않아도 됩니다. 어제에 묶이지 않아도 좋고 내일을 지나치게 기대하지 않아도 좋습니다. 가장 소중한 것은 언제나 오늘, 오늘 이 순간. 그리고 여기에서 만나는 사람. 그리고 그 사람에게 잘해주면서 평화를 이루며 사는 삶. 다른 약속보다 '사랑'하겠다는 약속은 짐짓 쉬운 것 같으면서도 어려운 약속이고 작은 것 같으면서도 가장 우람한 약속입니다.

삶 3

어딘지 모르고 간다
누군지 모르고 만난다
무슨 일인지 모르고 한다
날마다 날마다
다시 날마다 열심히.

　노년에 이르면서 외부 문학 강연 일정이 더욱 많이 잡힙니다. 세상으로부터의 요구가 많기 때문입니다. 나 자신 대단한 사람이라 여기지 않기 때문에 '묻지 마 강연'을 한다고 말하면서 갑니다. 거리, 대상, 주제, 강연료, 묻지 않고 갑니다. 나의 문학 강연이 사람을 만나러 가는 것이기에 그렇습니다. 어딘지 모르고 누군지 모르고 무슨 일인지 모르고 사는 삶이 우리네 숭고한 삶입니다.

삶의 지혜

많은 걸 알지 않아도
부끄러움이 없고

여러 곳을 돌아보지 않아도
목마름이 없다면

얼마든지 고운 세상을
살 수 있는 일이다

아무한테도 상처받지 않고
비웃음당하지 않고.

이 작품은 원래 <막동리 소묘 135>인데 편의상 여기에서는 제목을 바꾸었습니다. 한 시절 내 모습을 담은 작품입니다. 살면서 내가 가슴에 담았던 말 가운데 하나는 《명심보감》에 있는 '빈이무첨(貧而無諂) 부이무교(富而無驕)'란 말입니다. 가난하지만 아첨하지 않는다는 것! 그것은 참 지켜내기 어려운 것이었습니다. 하지만 지나고 보니 부자이지만 교만하지 않는 것이 더 어려운 주문이었습니다.

그대로

있는 그대로
있고 싶은 그대로
있어야 할 그대로

모방할 수 없는
또 하나의 자연
무지갯빛 그대로.

한국시인협회 회장으로 일할 때, 서천군에 있는 '국립생태원'으로 시인들과 함께 세미나를 떠난 일이 있습니다. 그때 '국립생태원'을 생각하면서 기념으로 써드린 작품입니다. 우리가 흔히 말하는 자연을 생각해보았습니다. 자연. 스스로 자(自), 그럴 연(然). 스스로 그런 것! 이보다 좋은 의미가 없었습니다. 우리는 지금 스스로 그러지 못해서 참 어렵고 비틀린 삶을 사는 겁니다.

인생 2

애야, 너는 머리가
좋은 아이가 아냐

노력을 하니까
그만큼이나 하는 거야

어려서 외할머니
그 말씀이 나의 길이 되었다.

어려서 초등학교 다닐 때 외할머니가 하신 말씀을 그대로 옮겨 쓴 글입니다. '품행방정상' 같은 어쭙잖은 상을 받아 가지고 왔을 때 외할머니 말씀이 그 말씀이었습니다. 너는 머리가 좋은 아이가 아닌데 노력하니까 그만이라도 하는 것이라고. 당시에는 섭섭했지만 두고두고 그 말씀이 내 인생의 이정표가 되었습니다. 노력하니까 그만큼이라도 한다는 것. 그래서 오늘의 내가 되었습니다.

병상일지

여보, 세상에 많은 기쁨이
우리를 기다리고 있다고
생각하지 맙시다

그렇다고 여보, 세상에는 슬픔과 괴로움만
우리를 기다리고 있다고
생각지도 맙시다

그저 덤덤히 사는 거요.
될 수 있는 대로 무덤덤히
그저 사는 거요.

'여보, 세상에'로 보아 어느 날, 아내 김성예에게 무심히 건넨 말을 그대로 쓴 시가 아닌가 싶습니다. 가도 가도 힘들고 팍팍한 인생길. 서로가 위로하고 싶고 위로받고 싶을 때가 있습니다. 그런 때, 내 편에서 먼저 입을 열어 상대방을 위로해주면 어떨까요? 누군가를 위로해주는 순간, 내가 오히려 위로받는 기적 같은 일이 일어나지 않을까 싶습니다.

우리들 마음

우리들 마음은

꽃송이 옆에 놓으면 피어나고
물소리 옆에 놓으면 흐르고
별빛 옆에 놓으면 반짝이는 마음

부디 도둑의 마음 옆에 두지 말고
더구나 미워하는 마음 옆에는
두지 말아라.

사람의 마음처럼 변화무쌍한 것도 없지 싶습니다. 상황에 따라 오만가지로 변하고 다시 태어나는 것이 인간의 마음입니다. 좋은 것으로도 변하지만 더러는 나쁜 것으로도 변합니다. 하지만 부디 나쁜 마음으로 변하는 것을 고삐 잡아 막아야 할 일입니다. 더구나 도둑의 마음이라니요? 근묵자흑(近墨者黑)이란 말이 있습니다. 먹 가까이 있으면 검정이 된단 말이지요. 새겨볼 말입니다.

제자리

놓일 곳에
놓이게 하여 주옵소서

쓰여야 할 곳에
쓰이게 하여 주옵소서

뿌리내려야 할 곳에
뿌리내리게 하여 주옵소서

그리하여,
꽃 필 때를 알아 꽃 피우는
나무이게 하여 주옵소서.

본래는 <구름이여 꿈꾸는 구름이여>란 연작시의 54번째 시입니다. 그리움과 사랑과 애달픔을 주제로 한 시집이었습니다. 세상 무엇이든지 쓰일 곳에 쓰인 것들은 아름답고 의젓합니다. 그것은 인간도 그러하고 자연도 그러하고 사물도 그러합니다. 끝내 대체 불가능한 무엇이 되었을 때 그는 최고의 가치를 지닌 존재가 됩니다. 시 작품 역시 그렇다고 생각합니다.

다시없는 부탁

부디 앓지 말고 더는
늙지 않기를 바래요

욕심이야 하루하루
버리며 사는 게 좋다지만
희망까지 버려서는
안 될 일이겠지요

이것이 다시없는
부탁이에요.

경어체로 드리는 부탁입니다. 멀리에 사는 사람. 연상의 인물. 그러나 한없이 마음이 가는 좋은 사람. 분명 그런 사람이 나에게 있었던가 봅니다. 아닌 게 아니라 날마다 잠들기 전에 얼굴 떠오르고 잠 깨어 얼굴 떠오르는 사람이 있었답니다. 잘 있겠지. 잘 있을 거야. 조바심 하나로 오랜 날들 가슴에 묻고 산 사람이 있었습니다. 사랑의 고백이라고 해도 에둘러 조심스런 고백입니다.

전시회

시는 마음을 훔치는 것이고
사진은 모습을 훔치는 것입니다
앞으로도 더 많은 것들을 훔쳐서
행복하시기 바랍니다.

누군가의 사진 전시회에 다녀왔던가 봅니다. 평소, 시는 자연과 인간과 세상에서 아름다움과 기쁨과 사랑을 훔쳐서 글로 바꾸는 일이라고 생각했는데, 사진작가 역시 세상과 자연과 인간 속에서 아름다움과 사랑을 훔쳐서 사진 속에 담은 걸 보고 크게 공감했던가 봅니다. 사진가의 행복을 비는 마음이 결국은 나의 행복을 바라는 마음이라는 걸 나는 모르지 않습니다.

당신

이 세상 무엇 하러 살았나?

최후의 친구 한 사람
만나기 위해서 살았지

바로 당신.

 스물아홉 나이에 아내와 결혼하여 힘겹게 살다가 회갑 무렵 돌아보니 아내도 나도 늙은 사람. 그때의 소회를 담은 짧은 글입니다. 세상에 와서 가장 오래, 가장 어려운 날들을 함께 견뎌온 오직 한 사람이 아내가 아닌가? 그것은 너무나 더디게 든 철이고 너무나 늦게 찾아온 발견이었습니다. 바로 당신! 그 벅찬 한마디를 나는 강원도 태백시 태백산 정상에 올라가 했습니다.

새삼스레

자전거 핸들을 잡은 손이
문득 시리운 아침

큰길까지 가방 들고
배웅 나온 아내

아내 얼굴에 내려앉은
주름살 많은 가을 햇살

세상이 다 환하다
인생까지 환하다.

교직에서 물러난 뒤, 내가 새롭게 시작한 일은 자전거 타기. 아침마다 시내 쪽에 볼일이 있어 자전거 타고 나가려면 아내가 큰길까지 내 가방을 메고 나와 배웅해줍니다. 신혼 시절부터 하던 일을 늙어서까지 합니다. 늦은 가을날 아침. 배웅 나온 아내의 얼굴에 가을 햇빛이 내려앉은 것을 봅니다. 어느새 주름살 많은 아내의 얼굴. 문득 환한 세상, 환한 인생을 아내의 얼굴에서 찾습니다.

후회 없이

손님으로 잠깐
왔다 가는 이 땅 위에서의 삶,

하루를 살더라도
영원으로 알고 살아가야지……

꽃과 나무와 풀들이
제 일생을 살다 가듯

나도 후회 없이 살다 갈 날을
생각해본다.

본래는 <별곡집>이란 연작시의 60번째 되는 시인데 여기서 잠시 제목을 고쳤습니다. 더러 우리는 세상과 자연에게서 더할 수 없는 지혜를 배울 때가 있습니다. 꽃과 나무와 풀들, 그들은 하루를 살더라도 최선을 다해서 살아갑니다. 그것을 마땅히 우리는 배워야 할 일입니다. 불평하고 남 탓하고 그럴 일이 아닙니다. 자기 자신을 들여다보면서 최후의 순간까지 열심히 살아야 할 일입니다.

아침 안부

오늘도
안녕!

너의
맑은 영혼의 호수에

내가
구름 그림자 되지 않기를!

참 어린 영혼을 내가 사랑한 일이 있습니다. 아니지요. 그 어린 영혼이 나를 사랑해준 일이 있습니다. 사랑한다는 것은 생각한다는 것. 멀리 떨어져 있어도 가깝게 생각으로 만난다는 것. 잠들 때 생각하고 잠에서 깨어날 때 먼저 생각 떠오릅니다. 하지만 그런 생각이나 염려조차 그에게 그늘이 되지 않기를 바라는 마음이 있을 때 있습니다. 그로 하여 나의 영혼도 맑아진 탓입니다.

저 스스로를

남이 가진 것에
반하기보다는
한 번쯤

제가 가진 것에 우선
반해볼 일이다

남을 두려워하기보다는
한 번쯤
저 스스로를 우선
두려워해볼 일이다.

이 작품은 <별곡집>이란 연작시 가운데 63번 작품인데 여기서만 살짝 제목을 고쳤습니다. 나의 중년 무렵의 생각이 들어 있습니다. 늘 남이 가진 것에만 눈길이 가고 부러워하는 우리. 때로는 자기 자신의 것에 대해 깊이 들여다볼 필요가 있습니다. 진정 그것이 그러할 때 우리 자신이 좋아지는 게 아닌가 싶습니다. 남에 대한 두려움보다 자신에 대한 두려움이 진정한 두려움입니다.

후회

이담에 이담에 나는 너에게
사랑한다는 말을 너무 여러 번 한 것을
후회할 것이고

너는 한 번도 나에게
사랑한다는 말을 하지 않은 것을
후회할지도 모른다.

하나의 강요입니다. 마음이 굳은 사람은 사랑하는 마음이 있어도 사랑한다는 말을 쉬이 하지 않습니다. 마음이 가벼운 사람은 그게 불만입니다. 그래서 그에게 요구합니다. 사랑한다는 말을 좀 해다오. 하지만 끝내 그는 사랑한다는 말을 내놓지 않습니다. 사랑한다는 말을 너무 자주, 가볍게 말한 사람도 후회할 일이고 마음이 굳어 사랑한다는 말을 끝내 아낀 사람도 후회할 일입니다.

흠집

가방 하나를 샀다
들고 다니면서
흠집이 나기 시작했다
때로는 내 손으로
때로는 남의 손으로
나는 가방에 흠집이 생기는 것이
아까웠다
그러나 그러면서 가방은 점점
나와 정이 들게 되었고
내 것이 되어주었다.

물건을 새로 사면 그 물건에 흠집이 나지 않게 하려고 조심합니다. 어쩌다가 그 새 물건에 흠집이 하나 생기면 마음이 아릴 정도로 아깝습니다. 하지만 그렇게 흠집이 생기면서 그 물건은 나의 물건이 됩니다. 그건 가방일 경우도 그렇습니다. 오직 새로운 물건은 백화점에 있는 물건들이고 낡은 물건, 흠집이 난 물건만이 나의 물건이라는 사실! 우리네 인생도 그러지 않을까 싶습니다.

시인의 필사

삶 3

어딘지 모르고 간다
누군지 모르고 만난다
무슨 일인지 모르고 한다
날마다 날마다
다시 날마다 열심히.

삶

어딘지 모르고 간다
누군지 모르고 만난다
무슨 일인지 모르고 한다
날마다 날마다
다시 날마다 열심히。

Part 4

고요한
우주의 숨소리를
들었습니다

아침 식탁

밤이 가고 아침이 오는 것
그보다 더 좋은 일은 없다

하루가 잘 저물고 저녁이 오는 것
그보다 더 다행스런 일은 없다

앞에 앉아 웃으며 밥을 먹어주는 한 사람
이보다 더 소중한 사람은 없다.

어렵사리 밤을 보내고 아침 식탁에 앉아서 생각해봅니다. 오늘도 잠에서 깨어나 아침을 맞이하고 가족과 더불어 아침 식탁에 마주 앉았다는 것. 그보다 좋은 일이 없고 그보다 다행스런 일이 없음을 압니다. 하지만 그것은 예전에 내가 몰랐던 일. 이렇게 누군가와 마주 앉아 웃으며 밥 먹을 수 있음이 더할 수 없는 감사이고 축복임을 알게 된 것 자체가 감사이고 축복입니다.

인생 3

해 저물녘 빈 하늘을
둘이서 바라보는 것

어디로 흘러가는지도 모르는 구름을
말없이 바라보는 것

낯선 골목길을 서성이다가
이름도 모를 새소리에 잠시 귀 기울이는 것

작은 키 긴 그림자 둘이서 데리고
빈방으로 천천히 돌아오는 것.

아내와 함께하는 노년을 그리며 쓴 시입니다. 인생이 별것이 아니라는 것. 성공이 별것이 아니고 행복이 또 별것이 아니라는 것. 다만 둘이서 손잡고 집 찾아 돌아오는 저녁 시간이 허락된다면 그것 자체가 성공이고 행복이라는 것. 그걸 알기까지 나는 얼마나 허우적거리며 세상의 거리를 헤매었을까요. 집 찾아가는 골목길에 만난 지친 어깨의 한 늙은 사내에게서 그것을 봅니다.

아침

당신 가까이 갈 수 없어
나는 하루에 한 차례씩
지구를 쓰다듬어요
너무 멀리 있어 차라리
지구가 당신 대신이에요.

자주, 사랑하는 사람은 멀리 있기 마련입니다. 마음이 가서 닿기도 하지만 마음이 어긋나 돌아오기도 합니다. 그래서 애달프고 안타깝고 더욱 그립고 목멥니다. 거기서 기도가 나오고 축원이 나오고 응원이 출발합니다. 차라리 지구를 안아보고 지구를 쓰다듬어보는 마음. 그런 마음과 노력을 통해 우리의 사랑은 꽃이 되고 바람이 되고 더욱 큰 사랑이 됩니다. 우주적 사랑으로 바뀝니다.

여가

돈봉투는 꺼내 볼수록
얇아지지만
시간의 봉투는 꺼내 볼수록
더욱 두터워진다.

오래전, 유럽 여행길에서였습니다. 기념품 가게마다 돈봉투를 꺼내는 나를 보고 동행한 선배가 말했습니다. "나 선생, 돈봉투는 꺼내 볼수록 얇아지는 거야." 그것은 참 좋은 충고였습니다. 아내 김성예가 돈봉투에서 돈을 꺼내어 세는 걸 본 일이 없었으니까요.. 반대로 시간은 꺼내 볼수록 두터워진다는 것을 알게 된 것은 몇십 년 뒤, 아내와 함께 떠난 제주도 여행길에서였습니다.

새해 아침

언제나 좋은 벗

당신의 향기가
나를 살립니다.

해마다 연하장을 만들어 보내던 어느 젊은 시절이 있었습니다. 연하장을 만들며 그 연하장을 받을 사람을 생각하고 또 생각한 것은 당연한 일이었지요. 나의 연하장을 받을 사람은 나에게 어떤 의미가 있는 사람일까? 나는 그런 사람을 '벗'이라고 생각했습니다. 그가 있기에 내가 있고 내가 있기에 그가 있다고 생각했습니다. 그러기에 우리는 서로를 살리는 향기입니다.

인생길 위에

A가 볼 땐 B가 좀 부족하겠지만
내가 볼 땐 A가 더 부족한 것 같다
너희들 둘이 서로 부족한 점을 알고
그것을 달래며 다스리며 살면
더없이 좋을 것이다
인생은 제멋대로 잘 사는
사람이 제일이다
그 사람이 인생의 주인공이다
인생이란 무작정 가다가 멈추는 것
멈춰서 좋고 멈추어서 완성되는 것
그것이 또 인생의 성공이다.

　더할 수 없는 인생론입니다. 인간에게, 인생에게, 완벽이 어디 있겠습니까? 그저 고만고만한 게 인생이고 인간이지요. 서로가 부족한 점을 알고 살면 좋은 일이고 고마운 것을 알고 살면 더욱 좋은 일이지요. 인생에는 완성이 없지요. 과정 자체가 인생이고 진행형 자체가 인생이지요. 가다가 멈추는 곳이 종점이고 그것 자체가 완성인 것이 인생이지요. 너무 많은 걸 기대하지 마십시오.

섬에서

그대, 오늘

볼 때마다 새롭고
만날 때마다 반갑고
생각날 때마다 사랑스런
그런 사람이었으면 좋겠습니다

풍경이 그러하듯이
풀잎이 그렇고
나무가 그러하듯이.

죽을병에서 깨어나 방송국 사람들을 따라 촬영차 서해의 한 섬에 간 일이 있었습니다. '삽시도'라는 섬. 저녁노을이 좋았습니다. 왈칵 황금빛 울음을 엎질러 놓은 것 같은 노을. 노을 뒤의 어둠은 더욱 유장했습니다. 천천히 발밑에 와서 발을 더듬고 종아리를 더듬으며 울먹울먹 매달리며 깊어지는 어둠은 누이요 형제요 또 어린 것이었습니다. 그날의 섬은 또 나에게 어머니 대신이었고요.

시장행

모처럼 시장에 가 보면
시끌벅적한 소리와
비릿비릿한 내음새,
비로소 살아 있는 사람들의
냄새와 소리들,
별로 살 물건이 없는 날도
그 소리 그 냄새가 좋아
시장길을 기웃거린다.

재래시장입니다. 공주 구시가지 산성시장. 살아가는 일이 시들하고 지루한 날은 가끔 재래시장 구경을 갑니다. 한가한 사람의 소일(消日)이 아닙니다. 배우러 가는 길이지요. 삶을 바꾸러 가는 길이지요. 지금까지 시들하던 생각이 팽팽해지고 싱싱해짐을 느낍니다. 그야말로 삶의 냄새를 맡습니다. 시장은 하나의 인생 학교이기도 합니다. 시장에 다녀오면서 새로운 나 자신을 발견하고는 합니다.

사랑의 힘은 크다

아직도 우리에게
사랑의 힘은 크다

아직도 우리에게
슬픔의 힘은 크다

아직도 우리에게
눈물의 힘은 크고 또 크다

사랑하는 사람아,
나의 사랑과 슬픔과 눈물을 주리라.

중년을 보내면서 나는 참 힘겨웠습니다. 성취해야 할 과업이 많았던 것이지요. 그럴수록 어딘가 기댈 곳이 필요했고 고달픈 마음을 맡길 곳이 있어야 했습니다. 그때 생각한 것이 사랑과 슬픔과 눈물이었습니다. 그렇습니다. 사랑과 슬픔과 눈물의 힘만 있으면 흔들리는 나를 지탱할 수 있을 것만 같았습니다. 스스로 안쓰러운 마음이 거기에 머뭅니다. 이 시는 <변방> 연작시 51번 작품입니다.

그냥

어떻게 살았어?
그냥요

어떻게 살 거야?
그냥요

그냥 살기도
그냥 되는 것만은 아니다.

어느 날 후배 시인에게 전화 걸어 물었습니다. "요즘 어떻게 지내?" "그냥요." 후배 시인의 말은 고즈넉했고 편안했습니다. 전화 끊고 나서 생각했습니다. '그냥'이란 말도 이유가 되는 거구나. '그냥'이란 것도 '그냥' 아무렇게나 되는 것은 아니구나. 그것도 그날의 한 깨달음이고 소중한 소득이었습니다. 그냥 살지요. 그냥 있지요. 그냥 사랑하지요. 그 또한 아름다운 세상이었습니다.

삶 4

하나를 얻으면
하나를 잃는다
어느 것은 잡고
어느 것을 놓을 것인가?
오늘도 그것은 나에게
풀기 힘든 문제였다.

　　나에게 무엇인가 좋은 일이 하나 생기면 은근히 걱정이 되었습니다. 이 좋은 일 뒤에 나쁜 일이 따라오면 안 되는데…… 그런 조바심으로 하루하루를 살았습니다. 아닌 게 아니라 우리네 인생이란 순간순간 선택의 과정입니다. 두 개 가운데 하나를 찾아 떠나는 안타까운 여행이기도 합니다. 그렇지요. 로버트 프로스트가 쓴 두 갈래 길에 대한 <가지 않은 길>이란 시도 있으니까요.

꿈

밤마다 무엇엔가
쫓기는 꿈을 꾼다
쫓기는 꿈을 꾸다가
더는 쫓길 수 없어
꿈 밖으로 튕겨 나온다
쫓기는 꿈이 오히려 감사하다
날마다 하루 잠에서 깨어
하루를 잘 살게 해주니까.

　어려서의 꿈은 신비하지만 나이 들어서의 꿈은 징그럽습니다. 육십 가깝도록 결혼하지 못한 꿈. 교직 정년 1년 앞까지 교장 승진을 하지 못하는 꿈. 그런 꿈들은 목이 마르고 가슴이 답답한 꿈들입니다. 최근에는 돌아가신 어머니를 만나 용돈(용채)이라도 드리고 싶어 주머니를 뒤졌는데 조금 전까지 있던 돈봉투가 보이지 않는 꿈을 꿨습니다. 이래저래 나의 꿈은 답답한 꿈입니다.

꽃

　웃어도 웃고 울어도 웃고 입을 다물어도 웃고 입을 벌려도 웃고 앉아서도 웃고 서서도 웃고 누워서도 웃기만 하는 너! 숨이 넘어가면서도 웃을 너! 아주 많은 너! 결국은 나!

　　　작고 보잘것없는 꽃 한 송이지만 그 안에서 우아일체(宇我一體), 우주와 내가 하나가 되는 세상을 봅니다. 오직 웃는 모습만을 보여주는 그 어떠한 존재. 까무러치면서도 웃는 그 무엇. 그것은 현실 속의 꽃이기도 하겠지만 이데아이고 내가 만들어낸 환상의 한 대목입니다. 하기는 그런 아이가 한때 나에게 있기도 했었습니다. 결국은 사랑이 만들어낸 한순간의 꿈이었노라 하겠습니다.

우정

함께해온 날들에
감사

앞으로 함께할 날들에
미리 감사.

서양식으로 사랑을 아가페, 에로스, 필리아, 그렇게 나누지요. 아가페는 너무 멀고 에로스는 너무 가까워 때로 필리아를 생각할 때가 있습니다. 이성 사이에도 필리아 사랑이 있을 수 있다고 봅니다. 오히려 필리아를 가미한 남녀 사랑이 더 오래 가고 더 편안하지 않을까 그런 생각을 합니다. 더구나 나이 들어 젊고 예쁜 여성 친구들과 가까이 지내면서 그런 생각을 합니다.

예쁨은 힘이 세다

아, 저기 꽃이 피어 있구나
사람들은 그렇게 말은 하지만
아, 저기 꽃이 졌구나
그렇게 말을 하지는 않는다
그렇게 피어 있는 꽃은 힘이 세다
살아 있음은 힘이 세다
예쁨은 더욱 힘이 세다.

인간은 참 단순합니다. 인간에게 '꽃'은 오로지 피어 있는 존재여야 합니다. 봉오리 진 꽃도 아니고 시들어가는 꽃도 아닙니다. 보고 싶은 것만 보고 듣고 싶은 것만 듣는 것이 인간이기 때문이지요. 그처럼 주관적인 인간에게 살아 있음은 오직 의미 있음이고 예쁘게 피어 있는 꽃은 더욱 의미심장하여 힘이 센 존재가 됩니다. 어찌 보면 아름다움이 다스리는 세상이 인간의 세상입니다.

햇빛 밝은 날

종일
바다와 마주 앉아
시 한 편 건졌습니다

종일
풀꽃과 눈 맞추다가
그림 하나 얻었습니다

옛다!
이거나 받아 가거라
고요한 우주의 숨소리를 들었습니다.

적막한 날이었습니다. 아무것도 하는 일 없이 빈집을 지키며 멍하니 앉아 있던 날이었습니다. 그런 날은 내 자신의 숨소리를 들을 수 있는 날입니다. 심심하여 연필과 종이를 꺼내어 산을 그리거나 풀잎 하나를 그리기도 했을까요. 그럴 때 내면의 소리를 듣습니다. 영혼의 이야기를 듣습니다. 의도하지 않았음에도 시 한 편이 떠오릅니다. 우주의 숨소리를 들음은 공짜로 받는 은택입니다.

미소

사람 얼굴 위에만 입술 위에만
잠시 피었다 지는 조용한
마음의 꽃

누군가 보이지 않는 한 분이
그 꽃이 지지 않도록 받들어주신다.

　　　미소. 작은 웃음. 하지만 지극히 크고 예쁘고 아름다운 인간의 표정. 사람의 입술이나 눈자위, 그러니까 사람의 얼굴에만 희미하게 피어나는 꽃. 늘 미소를 지으며 살아가는 삶이기를 소망해야 합니다. 아무래도 미소를 이야기하려면 부처님의 얼굴을 떠올려야 할 것 같습니다. 염화미소(拈華微笑). 석가모니 부처님이 연꽃 한 송이를 보이자 가섭(迦葉) 제자만이 알아듣고 웃었다는 이야기.

놓아라

우선 네 손에 쥐고 있는 것부터 놓아라
네가 보고 있는 것을 놓고
네가 듣고 있는 것을 놓아라

내친김에
네가 생각하는 것을 놓아라
무엇보다도 네가 가장
사랑하는 것들을 놓아라

그 위에 너 자신을 놓아라
비로소 편안해질 것이다.

60대 무렵의 소감을 적은 글입니다. 지고 있는 삶의 짐이 너무 무겁고, 알고 있는 사람이 너무 많고, 하고 있는 일들이 너무 복잡하다고 생각될 때, 조금이라도 그것들을 내려놓고 싶었습니다. 하지만 그것은 마음으로만 그럴 뿐 하나도 실천으로 옮겨지지 않았습니다. 답답하고 답답한 일이었습니다. 사랑하는 것부터 내려놓아라. 어쩌면 그것은 내가 생명을 놓을 때까지 불가능한 일입니다.

산수유꽃

누군가
가늘게 눈을 뜨고
지켜보고 있다

샛노랑 실눈웃음

올봄도 숨 쉬는 사람으로
그 웃음 마주
보고 있다는 사실!

이것만으로도 세상은
또다시 기적이다.

봄이 와 제일 먼저 피는 꽃 가운데 하나가 산수유꽃입니다. 아주 작고도 샛노란 꽃이지요. 얼핏 산속에 피는 생강꽃과 혼동을 하지요. 추위를 이기고 남보다 먼저 종종걸음으로 나와 꽃을 피우는 걸 보면 귀엽기도 하고 안쓰럽기도 합니다. 겨울을 이기고 새롭게 산수유꽃을 바라보는 자신의 마음도 여간 구슬퍼지기도 합니다. 그래서 애기야, 애기야, 산수유꽃을 향해 말해보고 싶은 마음이랍니다.

약속 2

살아남고 보자
어쨌든 살아남고 보자
구름이 하는 말을
나무가 대답한다

견디고 보자
어쨌든 오래 생각해보자
별들이 속삭인 말을
누군가 엿듣는다

어디선지 모르지만 그것은
언제나 너
그리고 나.

인생에서, 모든 생명과 삶의 과정에서 가장 중요한 것은 무엇일까요? 그것은 살아남는다는 것. 그러기 위해서 견딘다는 것. 정말로 좋은 결과와 영광은 끝까지 버티면서 기다린 자에게 온다는 것을 알았으면 좋겠습니다. 오늘도 견디기 힘들고 버티기 힘드신가요? 그럴수록 견디고 버텨야 합니다. 끝까지 남는 존재가 되어야 합니다. 그럴 때 당신과 나는 스스로 웃는 사람이 될 것입니다.

돌부리

지나가는 사람
발을 걸어
넘어뜨리자는 게 아니라
더욱 조심해서 가라고
잘 가라고
살짝살짝 발바닥을
채어주는 돌부리
오솔길 숲속 길에 오늘은
비를 맞으며 나를
기다리고 있네.

길을 가다가 돌부리에 채어 넘어지면 재수 없는 날이라고 말하고 돌부리를 원망합니다. 하지만 그것은 돌부리만의 잘못이 아닙니다. 내가 조심했더라면 충분히 넘어지지 않을 수 있었을 테니까요. 돌부리는 나에게 조심하는 발걸음을 가르쳐줍니다. 나에게 닥치는 조그만 위협이나 실패는 더 큰 위협이나 실패를 막아주는 방패가 됩니다. 그걸 알게 될 때 더 좋은 인생이 됩니다.

커피 전문점

애야, 네가 지금
손님을 위해서 웃고 있지만
실은 너 자신을 위해서
웃고 있는 거란다

고맙습니다
마주 웃는 하얀 이가
다시 예뻤다.

시인협회 회장으로 일할 때, 사무실 부근의 찻집에서 한 젊은 여성을 만났습니다. 그녀는 거리 모퉁이에 작은 찻집을 내고 손님을 기다리고 있었습니다. 그녀는 차를 만들어 나에게 주면서 상냥하게 웃었습니다. 그 웃음이 이슬 속에 혼자서 피어 있는 구절초 한 송이같이 빛나 보였습니다. 예쁘다, 말했더니 고맙습니다, 공손히 답하며 또 웃었습니다. 그 웃음이 더 예뻤습니다.

기도 시간

노래의 강물 위에 너의 마음을 띄워라
노래의 강물 위에 너의 마음을 띄워라
무엇을 걱정하며 무엇을 슬퍼하며
무엇을 주저하느냐
기쁨의 강물 위에 너의 마음을 맡겨라
소망의 강물 위에 너의 마음을 맡겨라.

　　　기도. 신에게 드리는 소청이며 대화의 시간. 경직되고 엄숙한 시간이지만 좀 더 편안하게 접근할 필요가 있습니다. 다만 눈을 감고 누군가를 고요히 생각하는 마음. 그 대상이 신이라면 더욱 좋겠습니다. 신을 생각하면서 나의 마음을 노래의 강물에 띄워 멀리멀리 흘려보낸다면 그 또한 좋겠습니다. 더구나 소망의 강물 하나 가슴에 마련하고 그 위에 나 자신을 띄운다면 더욱 좋겠습니다.

사랑 2

너 많이 예쁘거라
오래 오래 웃고 있거라

우선은 너를 위해서
그다음은 나를 위해서
세상을 위해서

너처럼 예쁜 세상
네가 웃고 있는 세상은
얼마나 좋은 세상이겠니!

　　　나이 들어 늙어서, 사랑하는 예쁜, 젊은 여성이 있었습니다. 한 사람이 아니고 여럿, 거푸 있었습니다. 그들을 가슴에 품고 생각할 때마다 내가 꽃밭이 되고 구름이 됨을 느낍니다. 그들과 함께 내가 예뻐지고 내가 젊어지고 사랑의 사람이 됨을 압니다. 그 마음을 그들에게 돌려줍니다. 너 자신 예쁘거라. 너 자신을 사랑하거라. 남을 사랑하기보다 자신을 사랑하는 마음이 더 귀하고 어려운 마음이란다.

나는

나는 이 세상 구경 나온 여행자
하루하루 새로이 떠나고
하루하루 새로이 만나고
하루하루 새로이 돌아온다

이 세상에서 나는 언제나 어린아이
하루하루 새로이 태어나고
하루하루 새로이 자라고
하루하루 새로이 죽는다.

한 인간으로 세상에 나와 나는 어떤 사람으로 살아야 하는가? 우선은 '여행자'로 살아야 한다고 생각합니다. 지나치게 많은 것을 갖거나 이루려고 애쓰지 않는 사람 말입니다. 나아가 나는 시인으로서 '어린아이'로 살려고 노력하는 사람이어야 한다고 생각합니다. 하루하루 새로이 태어나고 새로이 자라고 새로이 죽는 사람. 그렇지 않으면 결단코 시인이 되지 못한다는 것이 나의 생각입니다.

시인의 필사

아침 식탁

밤이 가고 아침이 오는 것
그보다 더 좋은 일은 없다

하루가 잘 저물고 저녁이 오는 것
그보다 더 다행스런 일은 없다

앞에 앉아 웃으며 밥을 먹어주는 한 사람
이보다 더 소중한 사람은 없다.

아침 식탁

밤이 가고 아침이 오는것
그보다 더 좋은 일은 없다

하루가 잘 저물고 저녁이 오는것
그보다 더 다행스런 일은 없다

앞에 앉아 웃으며 밥을 먹어주는 한 사람
이보다 더 소중한 사람은 없다.

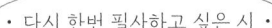
· 다시 한번 필사하고 싶은 시 ·

· 다시 한번 필사하고 싶은 시 ·

· 다시 한번 필사하고 싶은 시 ·

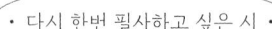